"아이들은 컴퓨터에 끌려가는 게(programmed) 아니라
컴퓨터를 스스로 이끌어야(programming) 한다."

- 프로그래밍 언어 로고 개발자, 교육학자
시모어 페퍼트 -

진 루엔 양
중국계 미국인으로 초등학교 5학년 때부터 만화를 꾸준히 그렸고, 1997년 미국 만화계의 권위 있는 제릭 재단에서 상을 받으며 작가 생활을 시작했어요. 컴퓨터과학 교사로 17년 동안 학생들을 가르치다가, 현재는 햄린대학교에서 청소년 문학과 글쓰기를 가르치고 있습니다. 그래픽 노블 《진과 대니》로 전미 도서상 최우수 후보작(2006), 마이클 프린츠 상(2006), 아이스너 상(2007)을 받았으며, '의화단' 시리즈가 LA타임스 도서상을 받았습니다. 그밖에 지은 책으로 '아바타: 최후의 에어벤더 Avatar:The Last Airbender' 시리즈와 《슈퍼맨 Superman》 등이 있습니다. 2016년 미국의회도서관에서 청소년문학 대사로 임명받아 '독서는 장벽이 없다! Reading Without Walls'라는 슬로건으로 다양한 활동을 펼치고 있습니다. 현재, 한국인 아내와 네 아이와 함께 샌프란시스코 만에서 살고 있습니다. geneyang.com

마이크 홈스
'시크릿 코더' 시리즈를 비롯해 '용감한 전사들 Bravest Warriors' '어드벤처 타임 Adventure Time' 같은 시리즈에 그림을 그렸습니다. 지은 책으로 《마이크너시스 Mikenesses》, 《실화 모음집 True Story collection》, 《속임수 Shenanigans》 등이 있습니다. 지금은, 영혼의 단짝 고양이 엘라와 함께 살고 있습니다.

임백준
서울대학교에서 수학을 공부하고, 미국으로 건너가 인디애나 주립대학교에서 컴퓨터과학을 공부했어요. 중학교 시절 8비트 컴퓨터와 베이식 언어를 접하며 프로그래밍에 대한 재미를 알게 되었습니다. 맨해튼의 스타트업 회사에서 분산 처리, 빅데이터, 머신러닝과 관련된 프로그램을 개발하다가 지금은 서울에 있는 삼성리서치에서 연구팀을 이끌고 있습니다. 여러 매체에 글을 기고하고, 팟캐스트 방송 〈나는 프로그래머다〉 호스트로 활약하기도 했습니다. 지은 책으로 《임백준의 대살개문》, 《누워서 읽는 알고리즘》, 《팟캐스트 나는 프로그래머다 1, 2》 등이 있습니다. baekjun.lim@gmail.com

---

시크릿 코더 ❺ 새로운 차원을 코딩하라! 진 루엔 양 글 · 마이크 홈스 그림 | 임백준 옮김

1판 1쇄 펴낸날 2019년 4월 5일 | 펴낸이 이충호 | 펴낸곳 길벗어린이(주) 등록번호 제10-1227호 등록일자 1995년 11월 6일
주소 04000 서울시 마포구 월드컵북로 45 에스디타워비엔씨 2F | 대표전화 02-6353-3700 | 팩스 02-6353-3702
홈페이지 www.gilbutkid.co.kr | 편집 송지현 임하나 이현성 | 디자인 김연수
마케팅 호종민 김서연 김형주 황혜민 강경선 | 총무·제작 임희영 최유리 정현미
ISBN 978-89-5582-486-5 77000 | 978-89-5582-369-1 (세트)

SECRET CODERS #5 Potions & Parameters by Gene Luen Yang, illustrated by Mike Holmes
Copyright ⓒ 2018 by Humble Comics LLC
All rights reserved.
This Korean edition was published by Gilbut Children Publishing Co., Ltd. in 2019 by arrangement with
First Second, an imprint of Roaring Brook Press, a division of Holtzbrinck Publishing Holdings
Limited Partnership through KCC(Korea Copyright Center Inc.), Seoul.

이 책의 한국어판 저작권은 한국저작권센터(KCC)를 통해 저작권자와 독점 계약한 길벗어린이(주)에 있습니다.
저작권법에 따라 한국 내에서 보호를 받는 저작물이므로 무단 복제와 전재를 금합니다.

이 책의 국립중앙도서관 출판예정도서목록(CIP)은 서지정보유통지원시스템 홈페이지(http://seoji.nl.go.kr)와 국가자료공동목록시스템
(http://www.nl.go.kr/kolisnet)에서 이용하실 수 있습니다. (CIP 제어번호 : CIP2018041096)

시크릿 코더 5
SECRET CODERS
새로운 차원을 코딩하라!

진 루엔 양 & 마이크 홈스
임백준 옮김

길벗어린이

시크릿 코더 요원들!

호퍼 0111

궁금한 것은 그냥 넘어가는 법이 없고 불의를 보면 참지 못하는 성격이야. 전학 첫날 시비를 거는 애들과도 한판 붙을 뻔 했다니까. 에니, 조시와 함께 학교 안팎에서 생기는 문제를 코딩으로 해결하면서 둘도 없는 친구가 되지.

에니 1010

이성적이면서도 다정한 성격이야. 부모님의 기대를 한 몸에 받는 학교 농구 팀 에이스지. 아빠에게 배운 코딩 실력도 상당해서 호퍼에게 코딩을 알려준 장본인이기도 해.
최초의 컴퓨터 에니악에서 이름을 따왔어.

조시 1000

항상 말이 많고 겁도 많은 장난꾸러기지만 학교 타이핑 대회에서 상을 받은 실력으로 에니와 호퍼를 도와주는 좋은 조력자야. 가끔 말이 너무 많아서 정신없기도 하지만 화려한 언변으로 곤란한 상황을 해결하기도 해.

미스터 비

스테이틀리 아카데미의 관리인이지만 사실 지금은 없어진 꿀벌 학교의 선생님이야. 학교를 위협하는 세력의 비밀을 알고 있는 유일한 사람이기도 하지. 처음에는 냉정하고 차가워 보이지만 사실 속으로는 아이들이 다칠까 봐 걱정하는 따뜻한 사람이야.

닥터 원-제로

피부도 초록색에, 얼굴도 괴상해. 음흉한 웃음을 지을 때에는 소름 끼치지. 무슨 꿍꿍이인지 학교에 고급화학 수업을 만들고 아이들에게 이상한 초록색 물약을 만들게 해.
코더 요원들이 지켜보는 중이야.

파스

조시와 고급화학 수업을 같이 듣는 짝꿍이야. 약간 투덜대는 스타일이지. 조시가 관심이 있는 것 같던데 파스는 어떨까?

>1101
아빠 구출 작전

 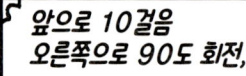 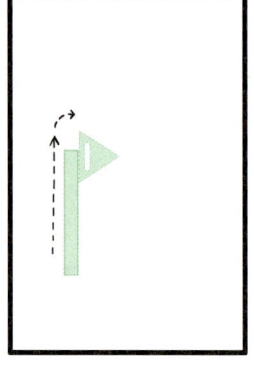
  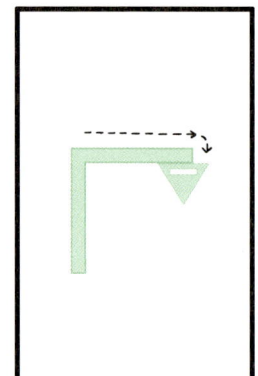
  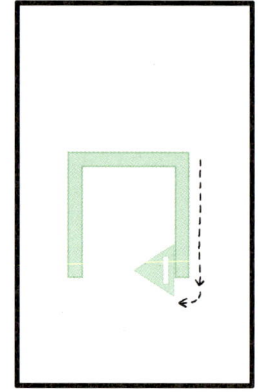
  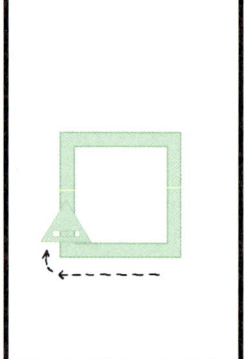

  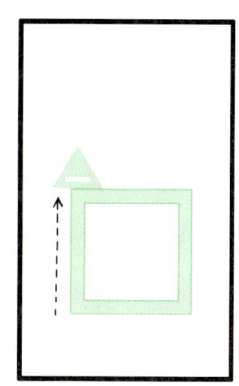
  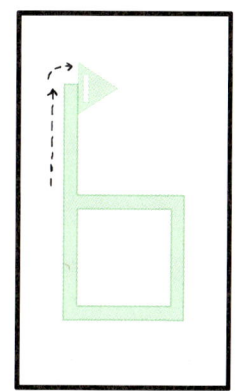
  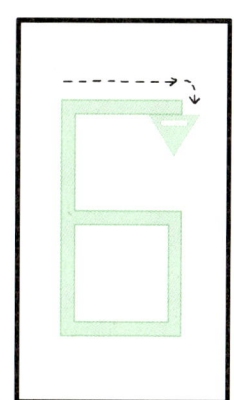

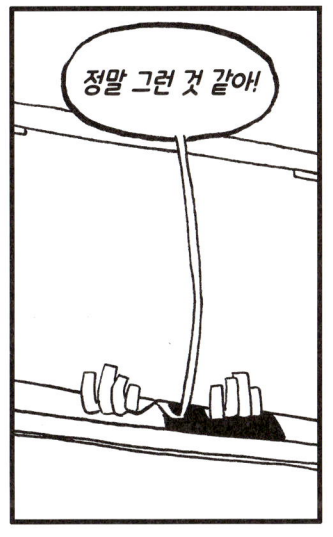

자, 여기 있어.

우아, 코더 요원들! 우린 **완벽하게** 해결할 수 있을 거야!

그리고 너희들도 할 수 있어.

아스키코드 문자표
ASCII TABLE

글자	숫자	글자	숫자
A	65	N	78
B	66	O	79
C	67	P	80
D	68	Q	81
E	69	R	82
F	70	S	83
G	71	T	84
H	72	U	85
I	73	V	86
J	74	W	87
K	75	X	88
L	76	Y	89
M	77	Z	90

아스키코드 문자표와 파스가 우리한테 준 2진수를 찬찬히 살펴 봐.

문을 여는 비밀번호는 무엇일까?

>1110
드러난 원-제로의 음모

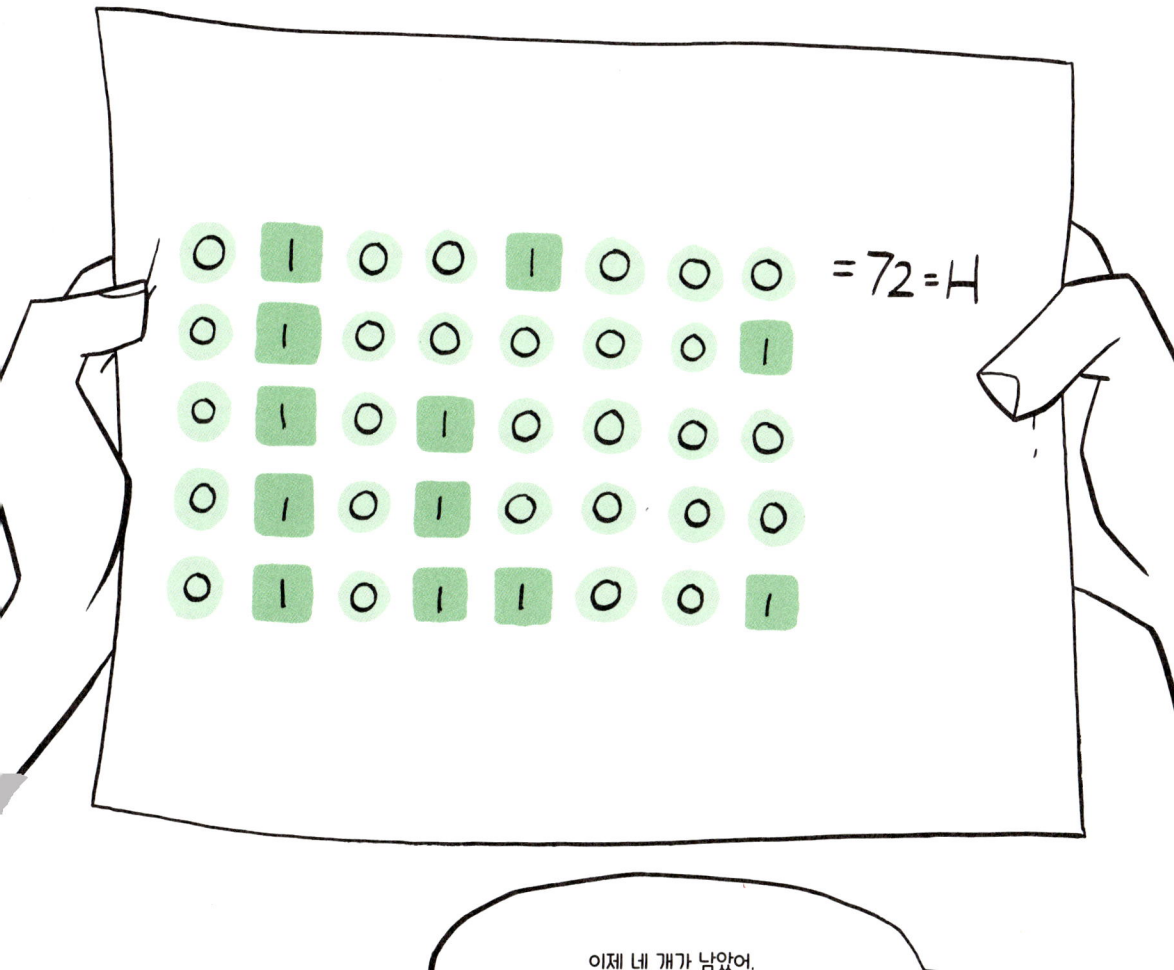

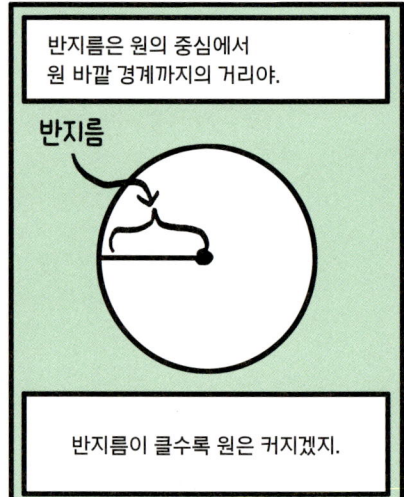

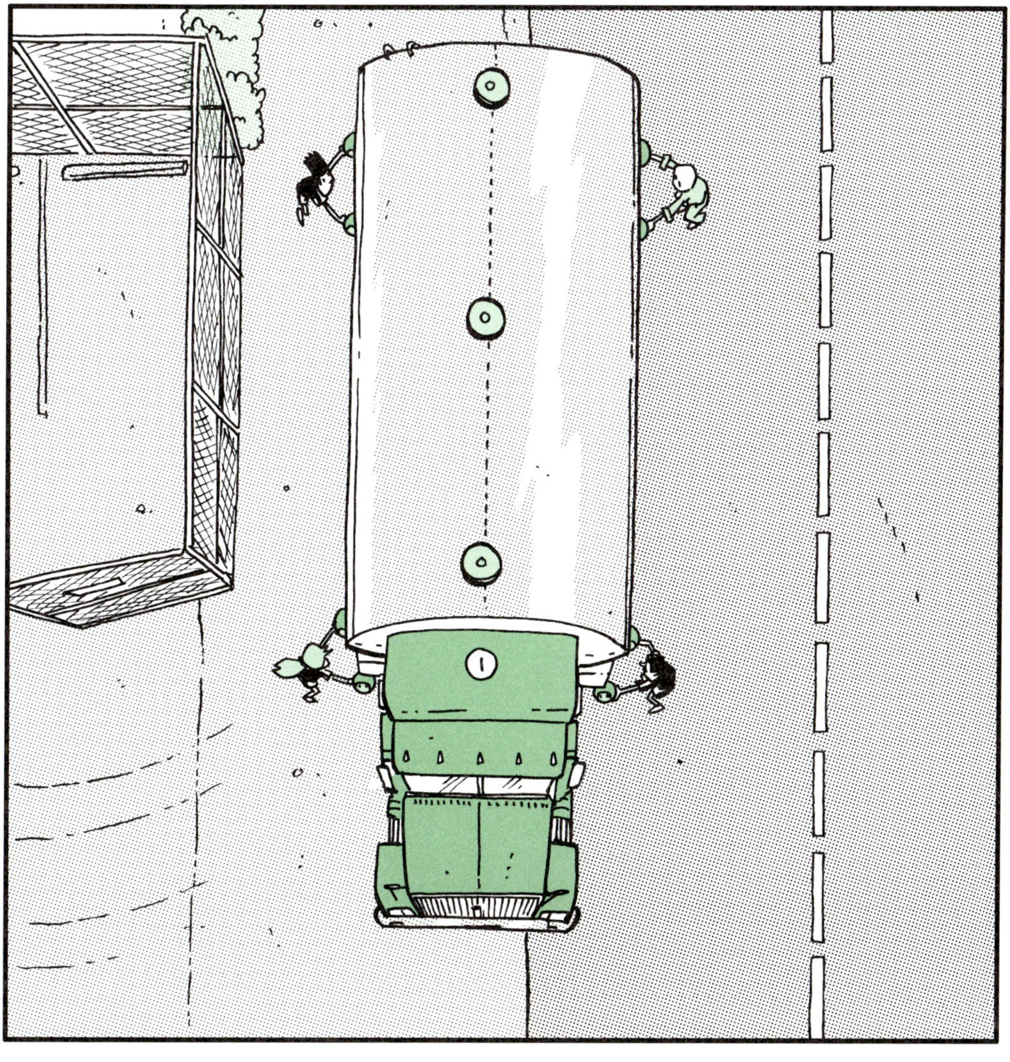

>1111
또 다른 차원으로 가는 포털

지금까지 너희가 배운 코딩 중에서 지금 배울 것이 가장 중요하단다.

그러니까 코더 요원들, 잘 집중하기 바란다.

도형이 갖는 변의 개수에 상관없이 터틀봇은 항상 **360도**를 뺑 돌아서 **도형 전체를 한 바퀴 돌고** 제자리로 온다는 거죠.

아, 알 것 같아요. 정삼각형의 회전각이 **120도**인 게 그 이유 때문이죠. **3번 회전**하니까요.

120 + 120 + 120 = 360.

정사각형은 **4번 회전**하니까…

90 + 90 + 90 + 90 = 360.

*정오각형 그리기

```
To Draw Pentagon
  Repeat 5 [
    Forward 10
    Right 72
  ]
End
```

"비 교수님! 저희가 알아낸 것 같아요."

*정다각형 그리기

```
To DrawPolygon :NSides
  Repeat :NSides [
    Forward 10
    Right 360/:NSides
  ]
End
```

"오! 코더 요원들, 정말 **자랑스럽구나!**"

"근데요, 교수님. 이 문제가 재미있긴 하지만 원-제로를 막는 거랑 대체 무슨 상관이죠?"

"정다각형을 이용해서 *다른 차원으로 통하는 포털*을 열 거란다!"

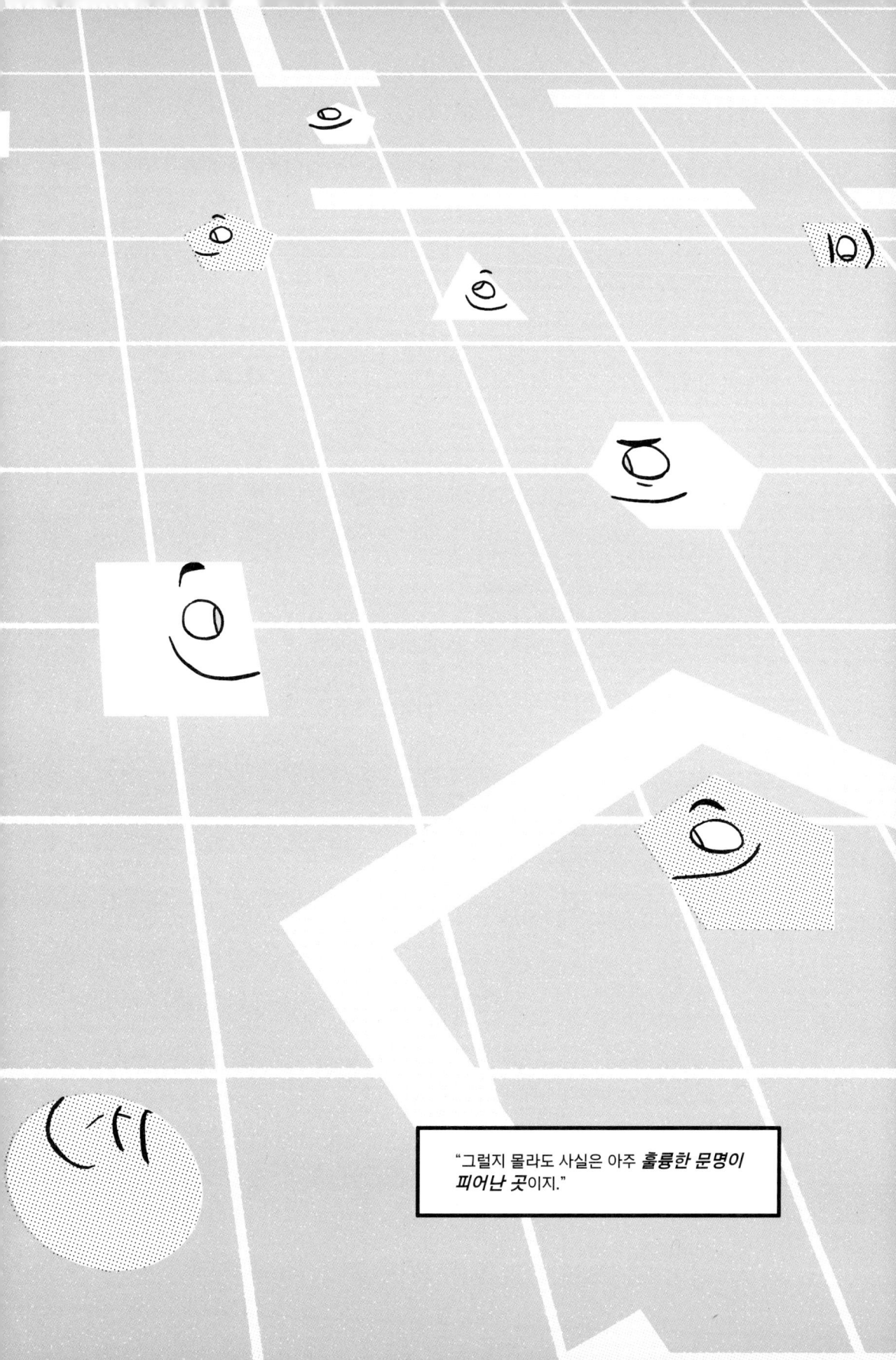

"**납작랜드**는 아주 엄격한 계급 사회야. 개인의 **생활 수준**은 각자가 가진 **변의 개수**에 따라서 결정되지. 변이 많을 수록 상위 계급에 가까워지는 거야."

"**원**처럼 보일만큼 변의 수가 많으면 성직자 계급이야. 지배 계급이지."

"**육각형**은 귀족이야."

"**오각형**과 **사각형**은 전문가 계급이고."

"**삼각형**은 기술과 노동을 담당하는 계급이야."

"납작랜드의 여성들은 선이지. 가장 **하위**에 해당하는 계급이야."

뭐라고요?

화를 내는게 당연하다, 호퍼. 정말 끔찍할 정도로 **억압적인** 시스템이지.

"솔직히 말해서 그 사회의 문제를 거의 느끼지 못하고 살았단다. 나는 네 개의 변을 가진 시민으로 편안하고 만족스러운 삶을 살았거든."

"높은 지위의 직업을 가졌던 거지. 납작랜드를 지배하는 **원들의 국회**에서 수석 행정관 지위를 가지고 있었거든."

"그러던 어느 날 모든게 변했단다. 일을 하고 있는데 갑자기 어디에선가 엄청난 빛이 나타났어. 그리고 이런 목소리가 들렸지."

3차원 세계가 있음을 알리기 위해 이곳에 왔다.

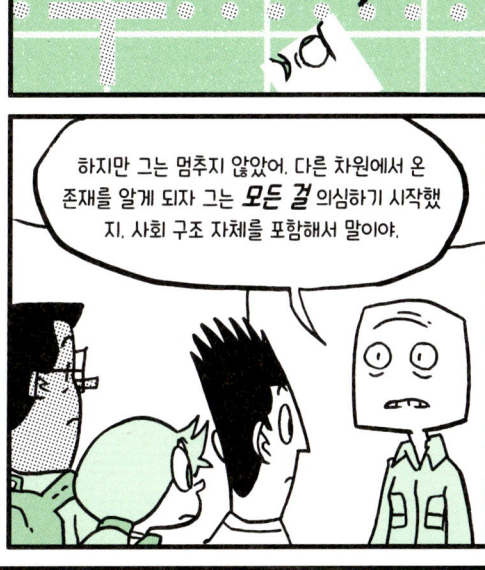

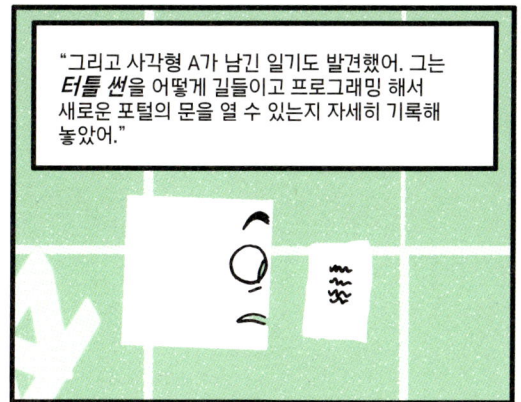

우선 NSides라는 변수를 하나 만들고, 처음 그리는 도형이 **삼각형**이니까 3에서 시작하도록 하마.

우리는 **삼각형**에서 시작해서 **이십각형**까지 그려 나갈 거야. 따라서 18개의 도형을 그리게 되겠지. Repeat를 18번 반복하도록 한 이유는 그거야.

마지막 줄에서 NSides의 값을 1만큼 증가시키고 있어. 다음 도형을 그릴 준비를 하는 거지.

코더 요원들, 이제 질문이다. Repeat 명령어에 들어가야 하는 코드가 무엇일까?

힌트를 주마. 그건 변의 개수에 상관없이 어떤 다각형이라도 그릴 수 있는 코드가 되어야 할 거야.

*납작랜드로 가는 법

```
To GoToFlatland
  Make "NSides 3
  Repeat 18 [
    
    
    
  ]
  Make "NSides (Nsides+1)
End
```

어때? 스스로 생각해 볼 수 있겠어?

납작랜드로 들어가는 문을 열 수 있겠어?

시크릿 코딩 분실물 보관 센터
: 조시-조시를 찾아라!

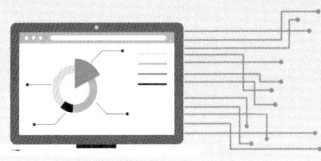

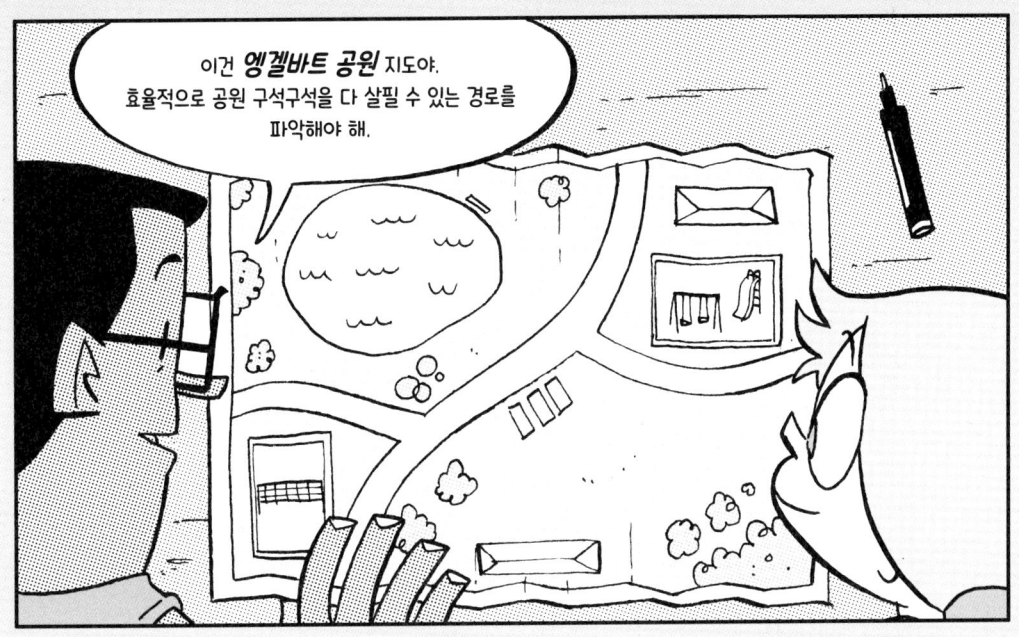

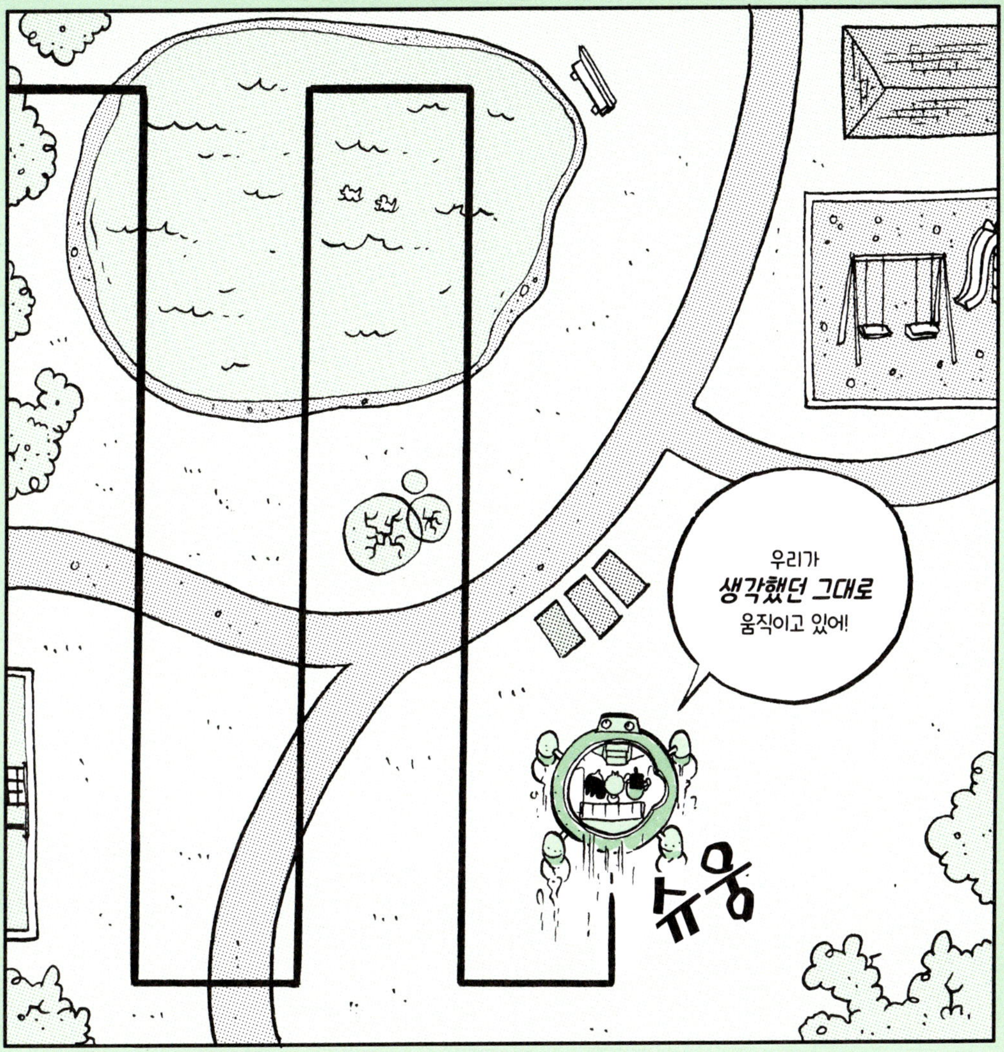

작가 노트

때는 1984년 여름, 내가 초등학교 5학년을 마칠 무렵이었다. 그때는 학교랑 상관없으면 뭐든지 재미있었다. 따지고 보면, 여름과 학교는 정말이지 안 어울리는 조합이다. 아니, 영원한 적이다! 모두들 내 말에 동의하겠지? 불행히도… 우리 엄마는 그 '모두'에 속하지 않았다. 여름 방학이 시작되고 TV 만화 '볼트론(Voltron)' 시리즈가 한창일 즈음, 엄마는 날 강제로 학교에 보냈다. 난 심화 수업을 서너 개 들어야 했다. 30년이 지난 지금까지 기억하는 건 딱 하나다. 컴퓨터 프로그래밍 입문.

교실에는 컴퓨터가 나란히 놓여 있었다. 당시 컴퓨터는 요즘과는 사뭇 달랐다. 화면에 나오는 이미지는 무조건 초록색이었고, 월드 와이드 웹(WWW, World Wide Web)은 발명되지도 않았다. 데이터는 전부 얇고 까만 플로피 디스크에 저장했고, 컴퓨터에 디스크를 꽂으면 컴퓨터가 헉헉대는 소리가 났다.

하지만 그때도… 컴퓨터는 마법 같았다.

나는 '빌'이라는 녀석과 짝이 되었다. 빌은 나보다 한 살이 많았고, 키가 내 머리 하나 정도 컸다. 녀석은 뭔가를 생각할 때 양 주먹을 맞부딪히는 괴상한 버릇이 있었다. 처음에는 무척 거슬렸는데, 나중에는 그럭저럭 적응했다. 빌은 코딩을 이미 배운 터라 알아서 척척 잘 해냈다. 수학 문제를 풀고, 음악을 연주하고, 말장난까지 즐겼다. 그중 가장 인상 깊었던 건 컴퓨터로 그림을 그리는 것이었다. 빌은 명령어 몇 개만으로 복잡하고 환상적인 문양을 만들어 냈다. 불꽃놀이 같기도 하고, 눈 내리는 이국적인 풍경 같기도 했다. 빌이 마법사처럼 보였고, 나도 빌처럼 되고 싶었다.

여름 보충 수업이 끝날 무렵, 마침내 간절한 바람이 이뤄졌다. 나는 무한대로 결합하는 간단한 명령어들로 여러 작업을 해냈다. 때마침 부모님이 컴퓨터를 사 주셨고, 나는 여름 방학 동안, 더 이상 볼트론을 찾지 않았다.

코딩은 창의적이고 강력하다. 코딩은 언어를 그림이나 동작으로 바꾸는 마법이다. 이제는 놀랍고도 강력한 이 마법을 여러분과 나누고 싶다. '시크릿 코더'와 함께 여러분도 마법을 부리는 코더가 될 수 있기를! 해피 코딩!

진 루엔 양

번역자 노트

우리나라를 비롯해 세계 곳곳에서 '소프트웨어 교육'이 열띠다.
인공지능, IoT, 클라우드로 이루어질 미래에는 코딩, 즉 소프트웨어적으로 사고하는 능력이 중요하다. 코딩은 더 이상 진학이나 취업만을 위한 도구가 아니다. 코딩은 21세기를 살아가는 사람이 반드시 지녀야 할 '교양'이다. 앞으로 소프트웨어와 인공지능이 우리 삶의 모든 부분에서 도움을 줄 것이고, 우리는 컴퓨터가 사고하는 방식을 이해해야만 한다.
그렇다면 아이들에게 어떻게 컴퓨팅 사고력을 가르칠까? 다들 '컴퓨팅 사고를 키워야 한다.'는 말에 수긍하지만, '어떻게 가르칠까?'라는 질문에는 쉽게 답하지 못한다.
특정한 프로그래밍에만 집착하면 본질에서 멀어지고, 유연한 사고를 해칠 수 있다. 그렇다고 실전 없이 컴퓨터과학의 원리, 자료 구조, 알고리즘만 강조해도 아이들의 흥미를 이끌어 내지 못한다.
컴퓨터 프로그래밍에서 가장 중요한 요소는 논리적으로 생각하는 능력이다. 어릴 때부터 퍼즐, 독서, 게임 등을 접하다 보면 자연스럽게 논리적 사고를 키울 수 있다.
진 루엔 양과 마이크 홈스가 쓰고 그린 '시크릿 코더' 시리즈는 '본질'과 '흥미' 두 마리 토끼를 모두 잡는 데 성공했다. 엉뚱한 모험 이야기 속에서 흥미롭게 컴퓨팅 사고로 접근하는 작가의 솜씨가 기발하다. 또한 주인공 호퍼와 에니를 비롯해 등장인물은 모두 개성이 넘친다.
독자들은 '시크릿 코더'를 읽는 순간, 호퍼와 에니가 되어 컴퓨팅 사고력과 컴퓨터과학을 흥미롭게 배울 수 있다.
꾸준히 책을 써 왔지만, 우리말로 옮기는 작업은 처음이라 만만치 않았다. 번역하는 과정에서 많은 도움을 주고, 재밌고 뜻깊은 책과 인연을 맺어 준 길벗어린이 출판사에 고마움을 전한다. 만화를 좋아하는 아이들, 컴퓨팅 사고력을 어떻게 가르칠지 막막했던 부모와 교사들에게 '시크릿 코더' 시리즈를 격하게(?) 권하고 싶다. 호퍼와 에니가 활약하는 흥미진진한 모험 속으로 함께 떠나 보자!

임백준

〈시크릿 코더〉를 더 깊게 파헤치고 싶다면?
지금 당장 www.gilbutkid.co.kr을 접속하라!

Click!

우선,
홈페이지 왼쪽
배너 클릭!

기본 정보는 물론, 핵심 개념별 **미리보기**와
응용 예제 코드 제공!

로고 프로그램 설치 **방법**과 함께
코딩 게임, 퍼즐을 무료로 다운!

작가 진 루엔 양이 직접
설명해 주는 **코딩 수업 영상!**

영어 사이트 www.secret-coders.com로 연결!

시크한 녀석들의
프로그래밍 수사대!
(전 6권)

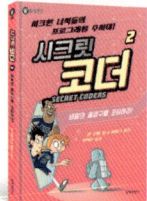

❶ 수상한 학교를 코딩하라!
❷ 비밀의 출입구를 코딩하라!
❸ 위기의 마을을 코딩하라!
❹ 가장 강력한 터틀봇을 코딩하라!
❺ 새로운 차원을 코딩하라!
❻ 세상을 구할 히어로를 코딩하라!